IMPRIMERIE

FRAZIER-SOYE

153, Rue Montmartre

PARIS

CATALOGUE

D'ESTAMPES

DES

Ecoles Française et Anglaise

DU

XVIIIme SIÈCLE

Imprimées en noir et en couleurs

———

Dont la vente aura lieu

à Paris, HOTEL DROUOT, Salle N° 7

Le Lundi 12 Décembre 1904

à 2 h. 1/2 précises

———

Par le Ministère de Me MAURICE DELESTRE

COMMISSAIRE-PRISEUR

5, rue Saint-Georges

Assisté de M. LOYS DELTEIL, Artiste-Graveur, Expert

22, rue des Bons-Enfants

CONDITIONS DE LA VENTE

Elle sera faite au comptant.

Les acquéreurs paieront *dix pour cent* en sus des prix d'adjudication.

M. Loys Delteil remplira les commissions que voudront bien lui confier les amateurs ne pouvant y assister.

MM. les amateurs pourront voir les estampes composant la collection *22, rue des Bons-Enfants, du Jeudi 8 au Samedi 10 décembre 1904*, de 10 heures à 4 heures.

DÉSIGNATION

ALIX (P. M.)

33   1. — Corday (Charlotte). Très belle épreuve, *imprimée en couleurs* (sans marge).

BARBIER (d'après)

27.   2. — Jupiter et Léda — Vénus et l'Amour. Deux pièces par Pariset, faisant pendants. Belles épreuves, *coloriées*.

BAUDOUIN (d'après P. A.)

181.   3. — La Soirée des Tuileries, par J. B. Simonet (E. B. 47). Très belle épreuve.

BOILLY (d'après L.)

29.   4. — L'Amant Musicien, par J. P. Levilly. Très belle épreuve, toutes marges.

90.   4 *bis*. — Le Cadeau, par Bonnefoy. Très belle épreuve *imprimée en couleurs et coloriée* (sans marge).

BONNET (Louis-Marin)

415.   5. — *The Milk Woman*, 1774. Superbe épreuve *imprimée en couleurs, dans un encadrement imprimé en or*.

250   6. — *The Pretty Noesgay Garle*, d'après J. B. Greuze. Superbe épreuve *imprimée en couleurs, dans un encadrement imprimé en or*.

150 7. — La Bergère des Alpes, d'après J. B. Huet. Très belle épreuve, *imprimée en couleurs.*

BOUCHER (d'après F.)

24 8. Le Galant jardinier, par Gautier-Dagoty ? Infol. Épreuve *imprimée en couleurs et rehaussée.* Très-rare.

16 9. — La Baigneuse surprise, par J. Daullé (E. Del. 116). Très belle épreuve.

CHAPUY (Jean-Baptiste)

25 10. — *Vue perspective du Champ de Mars au Jour de la Cérémonie du Serment Civique...,* d'après Le Roy. Petit in-fol. Superbe épreuve, *imprimée en couleurs,* toutes marges.

COSWAY (d'après R.)

191. 11. — Mme Vigée Le Brun, en pied, assise. In-4. Très belle et très rare épreuve *avant toute lettre, imprimée en couleurs.*

CRÉPY (à Paris chez)

24 12. — Louis XVI — M. Necker. Deux portraits gravés sur le même cuivre. Superbe épreuve *imprimée en couleurs,* toutes marges.

43 13. — M. le Marquis de La Fayette — M. Bailly. Deux portraits gravés sur le même cuivre. Superbe épreuve *imprimée en couleurs,* toute marge.

DEBUCOURT (P. L.)

1090 14. — Le Menuet de la Mariée, 1786 (M. Fenaille 8). Superbe et rare épreuve *imprimée en couleurs, avant les retouches et avant les effaçages.*

600 15. — La même estampe. Très belle épreuve du même état (remargée dans le haut et sur les côtés.)

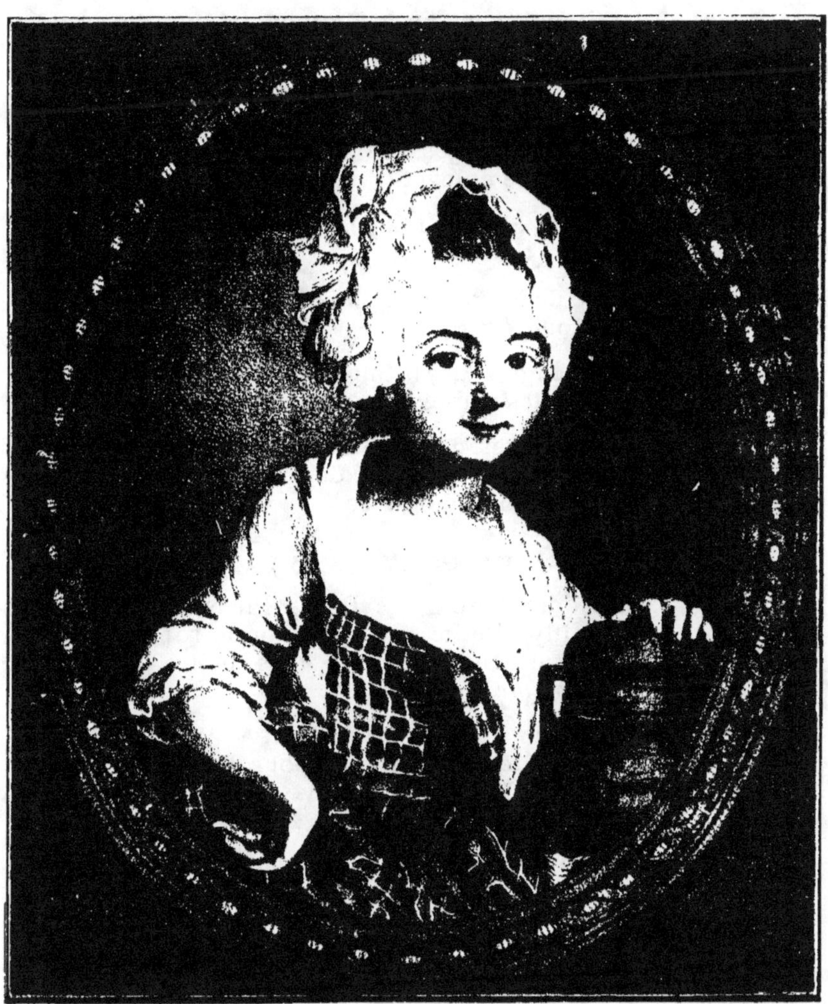

The Milk Woman.

N° 5 du Catalogue.

16. — Le Compliment ou la Matinée du Jour de l'An, 1787 (M. F. 15). Superbe épreuve, *imprimée en couleurs*, marges.

17. — Route de Poissy (404). Superbe épreuve, *coloriée*, à toute marges, avant que l'adresse de Bance n'ait été enlevée.

18. — Route de S¹ Cloud (405). Superbe épreuve, *coloriée*, à toutes marges.

19. — Route de Poste (406). Superbe épreuve, *coloriée*, à toutes marges.

20. — Les Aveugles (407). Superbe épreuve, *coloriée*, à toutes marges.

21. — Les Disgraces de Ragotin, d'après Rioult (532-535). Suite complète de quatre pièces in-fol. Très belles épreuves.

DE GOUY (A. M.)

22 — La Comparaison des Petits Pieds, d'après L. Boilly, Petite pièce de forme ronde, pour dessus de tabatière. Très belle épreuve *imprimée en couleurs.*

23. — L'Essai du Corset, d'après P. A. Wille. Petite pièce de forme ronde, pour dessus de tabatière. Très belle épreuve *imprimée en couleurs.*

24 — *Les Vertus !*, d'après Ch. Eisen. Petite pièce de forme ronde, pour dessus de tabatière. Très belle épreuve *imprimée en couleurs.*

FRAGONARD (d'après H.)

25. — La Chemise enlevée, par E. Guersant. Très belle épreuve.

26. — Les Petards — Les Jets d'eau. Deux pièces par Auvray, faisant pendants. Belles épreuves.

FREISLHIEN (P.)

250. 27. — Estaing (Charles-Henri, Comte d'). In-fol. Superbe épreuve, *avant toute lettre, imprimée en couleurs*. Très-rare.

FREUDEBERG (d'après S.)

72 28. — Les Confidences, par C. L. Lingée, 1774. Belle épreuve.

GAUTIER-DAGOTY

150 29. — *Portrait d'Edouard Dagoty inventeur de la gravure en couleurs.... Peint par Kanchsius, Gravé et dessinée* (sic) *par de Lasinio*. Grand in-fol. Belle épreuve, *imprimée en couleurs*, d'une pièce de la plus grande rareté.

40 30. — Bethsabée au bain, d'après F. de Troy. In-fol. Très belle épreuve *imprimée en couleurs* (sans marges).

GRATELOUP (Jean-Baptiste de)

126. 31. — Bossuet, en pied, d'après H. Rigaud, 1771 (Faucheux 1). Superbe épreuve du 2ᵉ état, *avant la date*, sur chine doublé.

32 32. — Descartes (René), d'après F. Hals (F. 3). Superbe épreuve du 1ᵉʳ état, *avant toute lettre*, sur chine doublé.

40. 33. — Fénelon, d'après J. Vivien (F. S.). Superbe épreuve du 2ᵉ état, *avant toute lettre*.

26. 34. — Montesquieu, d'après Dassier (F. 7). Superbe épreuve.

GUYOT (Laurent)

100. 35. — Etats Généraux, 4 mai 1789, quatre motifs de tabatière gravés sur le même cuivre, d'après les dessins du Chʳ de Sᵗ Macaire. In-4°. Superbe épreuve *imprimée en couleurs*, toute marge. Très rare.

36. — *1ᵉʳᵉ Attaque de la Bastille prise d'Assaut en 3 heures de temps, le 14 Juillet 1789, d'après Cornu. Ovale in-4°.* Superbe épreuve *imprimée en couleurs,* toute marge.

37. — Vue prise du second Pont-levis de la Bastille, *dessiné et gravé d'après nature par permission de la Ville, le 21 juillet 1789 A.P.D.R.* In-4° de forme ovale. Superbe épreuve *imprimée en couleurs,* toutes marges.

38. — *Vue du Jardin de la Bastille ou se promenaits* (sic) *quelques Prisonniers, 1789.* In-4 de forme ovale. Superbe épreuve *imprimée en couleurs,* à toutes marges.

39. — *Démolition de la Bastille et Vue de la Porte qui conduisoit au Jardin.* In-4 de forme ovale. Superbe épreuve *imprimée en couleurs,* toute marge. On y a joint le Plan de la Bastille (à *Paris chez Guyot).*

40. — *Arrivée des Femmes à Versailles le 5 Oct. 1789,* par Guyot et Testard. Ovale in-4. Superbe épreuve *imprimée en couleurs,* toutes marges.

41. — Don des Dames artistes à l'Assemblée Nationale. In-4 de forme ovale. Superbe épreuve, *imprimée en couleurs,* toutes marges.

HUET — BAUDOUIN (d'après)

42. — Le Déjeuné, par L. M. Bonnet, d'après Huet. Petit in-fol. Superbe épreuve, *imprimée en couleurs.*

43. — Le Goûter, par L. M. Bonnet, d'après Baudouin. Petit in-fol. Superbe épreuve, *imprimée en couleurs.*

44. — Le Dîner, par L. M. Bonnet, d'après Huet. Petit in-fol. Superbe épreuve, *imprimée en couleurs.*

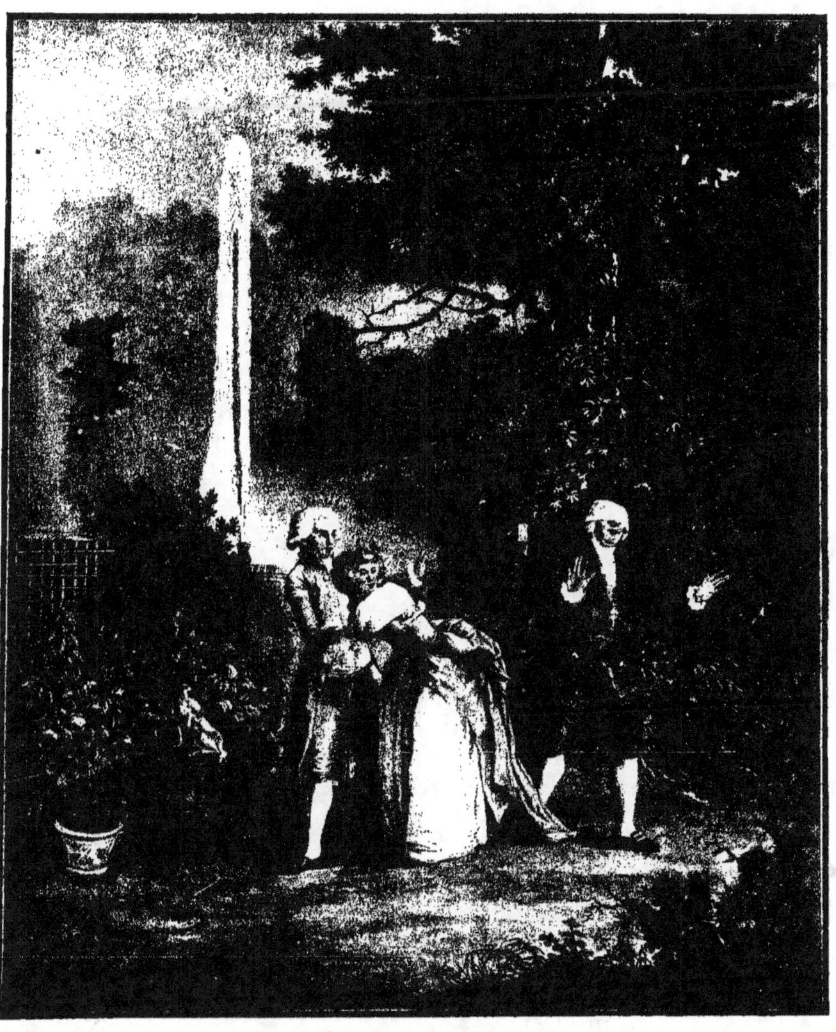

Le Colin-Maillard

N° 51 du Catalogue

45. — Le Souper, par L. M. Bonnet, d'après Huet. Petit in-fol. Superbe épreuve, *imprimée en couleurs.*

KAUFFMAN (d'après Angelica)

46. — *Abeilard présente l'Hymen à Éloïse qui le refuse. — La fuite de Paris & Hélen.* Deux pièces in-fol de forme ovale, par L. Boutelou, 1786. Belles épreuves *tirées en bistre,* toutes marges.

LARGILLIÈRE (d'après Nicolas de)

47. — Mlle Duclos, rôle d'Ariane, par Louis Desplaces. Très belle épreuve.

LAVREINCE (d'après N.)

48. — L'Aveu difficile, par F. Janinet (E. B. 8). Très belle épreuve, *imprimée en couleurs* (sans marges).

49. — L'Indiscrétion. par F. Janinet (E. B. 30). Très belle épreuve, *imprimée en couleurs, marges,* (légères restaurations).

50. — La Promenade au Bois de Vincennes, par J. B. Chapuy (E. B. 50). Superbe épreuve du 2ᵉ état, avec le titre : *Les Graces parisiennes...;* elle est *imprimée en couleurs.*

LE CŒUR

51. — Le Colin-Maillard. Superbe épreuve sans aucune lettre, *imprimée en couleurs,* d'une pièce de toute rareté ; elle a de petites marges, et dans le bas, figure des armes (coupées à moitié).

LEMIRE (Noël)

52. — La Crainte, d'après J. B. Le Prince (J. Hédou 11). Très belle épreuve, du 1ᵉʳ état, avant la dédicace et avant le changement.

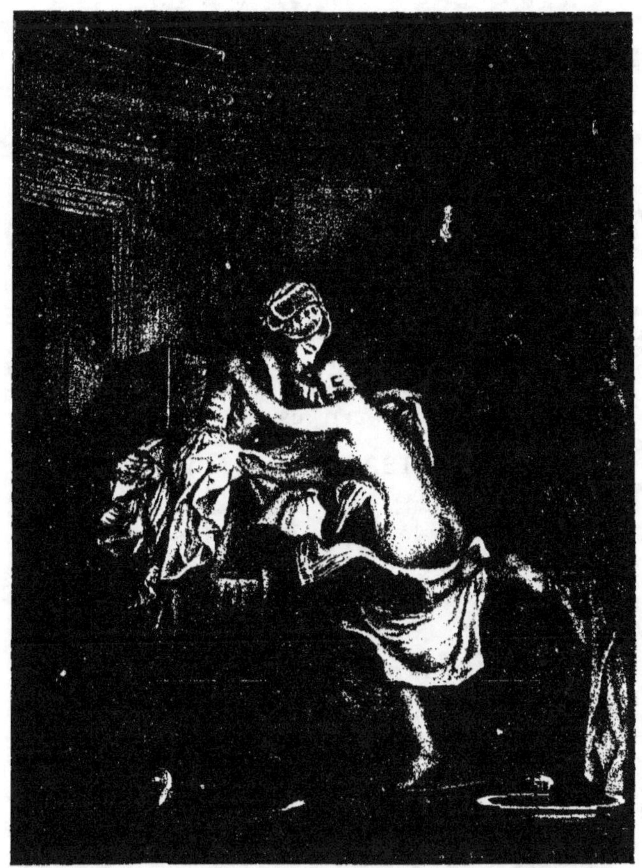

LE BAIN.

Se vend à Paris chez Regnault, Rue croix des petits - Champs, vis-à-vis l'Hôtel de Lulli.

N.º 60 du Catalogue.

MOREAU le jeune (d'après J. M.)

53. La Dame du Palais de la Reine, par P. A. Martini. Belle épreuve.

54. — Le vrai Bonheur, par J. B. Simonet, 1782. Très belle épreuve.

MORLAND (d'après G.)

54 *bis*. — *Morning. — Evening*. Deux pièces in-fol. faisant pendants. Très belles épreuves *imprimées en couleurs* et *coloriées*.

MORRET (J. B.)

55. — *La Diseuse de Bonne Avanture*, d'après Pasquier. Superbe épreuve *imprimée en couleurs*, à toutes marges.

NATTIER (d'après J. M.)

56. — Madame de *** (Mme de Pompadour ?) en Flore, par Voyez le Jeune. Très belle épreuve.

57. — La Nuit passe, l'Aurore parait (Duchesse de Chateauroux), par Maleuvre. Très belle épreuve.

NORTHCOTE (d'après J.)

58. — *His Excellency Count Brühl*, par S. W. Reynolds et Annis, 1803. In-fol. Très belle épreuve.

PARROCEL (d'après Ch.)

59. — Louis Quinze, Roy de France..., par N. De Larmessin. In-fol. Très belle épreuve.

REGNAULT (N. F.)

60. — Le Bain, d'après P. A. Baudouin (E. B. 10) — Le Lever. Deux pièces faisant pendants. Superbes épreuves *imprimées en couleurs*, l'une du premier état avec l'adresse du graveur.

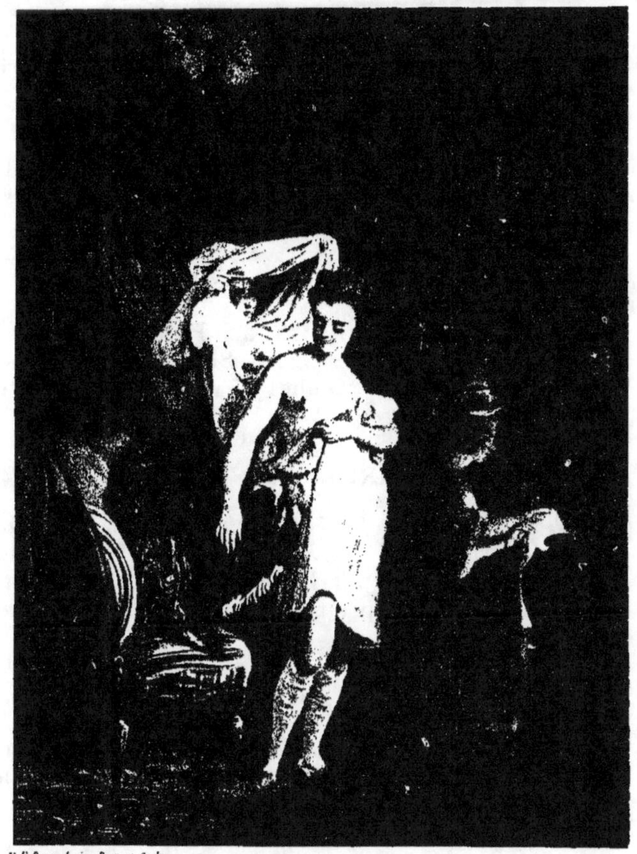

LE LEVER.

A Paris chez Delalande, Rue de Montmorency, la 4.e Porte-cochere en entrant par la rue S.t Martin, N.o 32

N.o 60 du Catalogue.

REYNOLDS (d'après Sir Joshua)

306

61. — *Jane Dutchess of Gordon*, par W. Dickinson, 1775. In-fol. Superbe épreuve.

SCHALL (d'après F.)

250

62. — Les Espiègles, par C. M. Descourtis. In-fol. Magifique épreuve *imprimée en couleurs*, grandes marges.

SERGENT (Ant.-François)

90

63. — Marie-Thérèse-Charlotte de France, publié à l'occasion du passage à Bâle le 26 X^{bre} 1795, par Chr. de Mechel. Très belle épreuve *imprimée en couleurs.*

SICARDI (d'après)

49

64. — *Oh ! che boccone ! — Oh ! che Gusto ! — Come la trovate ? — Oh, che fortuna !* Suite de quatre pièces par Burke, Copia et Bouquet. Très belles épreuves *imprimées en bistre*, toutes marges.

SMITH (d'après J. R.)

165

65. — *Credulous Lady and Astrologer*, par P. Simon, 1786. Ovale in-fol. Superbe épreuve, tirée en bistre, à grandes marges.

SMITH (J. R.) et WARD (d'après)

205

66. — Louisa, par de Montigny. Petit in-fol. de forme ovale. Superbe épreuve tirée en bistre et sanguine.

124

67 — Méditation, par Romain Girard. Petit in-fol. de forme ovale. Très-belle épreuve tirée en bistre et sanguine.

TAUNAY (d'après)

585. 68. — Foire de village, par C. M. Descourtis. Superbe épreuve, *imprimée en couleurs, avant que que les armes n'aient été effacées.*

594 69, — Noce de Village, par C. M. Descourtis. Superbe épreuve, *imprimée en couleurs, avant que les armes n'aient été effacées.*

285 70. — La même pièce. Très belle épreuve, *imprimée en couleurs*, remargée sur trois côtés.

VANLOO (d'après Carle)

20 71. — Sabran (L** de Foix-Rabat, M*** de), par J. Chéreau le jeune (D. 263). Belle épreuve.

VANLOO (d'après Michel)

11. 72. Guerchy (Cl. L. F. de Regnier, C** de), par J. Watson. In-fol. Belle épreuve *avant toute lettre.*

WARD (Willliam)

160 73. — *The Soldiers return*, d'après F. Wheatley, 1787. In-fol. Superbe épreuve, grandes marges.

WATTEAU (d'après Ant.)

64. 74. — *Coquettes qui pour voir galans au rendez-vous....* par H. S. Thomassin fils (E. de G. 78). Superbe épreuve à grandes marges.

41. 75. — *Au foible Efort que fait Iris....*, par C. N. Cochin. Belle épreuve.

40 76. — Retour de chasse (M*** de Vermanton, nièce de M. de Julienne), par B. Audran (E. de G. 18). Très belle épreuve du 1** état.

31 77. — Bon voyage (1** pensée de *l'Embarquement pour Cythère*), par B. Audran (E. de G. 169). Très-belle épreuve.

78. — *Voulez-vous triompher des Belles ?*, par Thomassin (E. de G. 179). Superbe épreuve à grandes marges.

WESTALL (d'après R.)

79. — *A Boy Angling — A Fern-cutters Child — Girl and Pigs — A Boy mendling his net.* Suite de quatre pièces par Bartolotti. Belles épreuves, *imprimées en couleurs.*

WILLE (Jean-George)

80. — Les Soins Maternels, d'après P. A. Wille fils. In-fol. Belle épreuve.

81. — Sous ce numéro il sera vendu plusieurs estampes non cataloguées.

Paris. — Imp. Frazier-Soye, 153, rue Montmartre.